Armin und Daniel Täub

Reißen & Kleben

Kinderleichte Fensterbilder mit Glanzpapier

frechverlag

Im frechverlag sind zahlreiche Titel von dem bekannten Autor Armin Täubner erschienen. Hier eine Auswahl:

TOPP 1945

TOPP 1917

TOPP 1813

TOPP 1782

TOPP 1751

TOPP 1944

Fotos: frechverlag GmbH + Co. Druck KG, 70499 Stuttgart; Birgitt Gutermuth

Auflage: 5. 4. 3. 2. | Letzte Zahlen
Jahr: 1999 98 97 96 95 | maßgebend

ISBN 3-7724-1993-3 · Best.-Nr. 1993
Druck: frechverlag GmbH + Co. Druck KG, 70499 Stuttgart

Reißen & Kleben ...

... das ist schon für die Kleinsten ein tolles Thema! Denn hier wird mit Feuereifer gebastelt: Mama oder Papa schneiden die Grundformen aus Tonkarton zu, die Kinder reißen Glanzpapier in kleine Schnipsel und kleben sie auf die Formen. Anschließend ist ein bißchen Geduld gefragt, bis die Einzelteile gepreßt und getrocknet sind – und wenn dann die Teile zusammengeklebt sind, dann schwimmt Goldfisch Goldi in seinem Aquarium, dann lebt Max, die Made, im Apfelparadies, und zwei bunte Zauberdrachen schweben durch die Lüfte.

Daniel Täubner, der selbst noch in die Grundschule geht, hat seinem Vater bei diesem Buch fleißig geholfen – denn schließlich sind alle Motive dieses Buches kinderleicht nachzuarbeiten! Größere Kinder können die Grundformen selbst ausschneiden, und dann wird nur noch gerissen und geklebt, gerissen und geklebt, gerissen und geklebt, ...

Viel Spaß mit „Reißen & Kleben“!

Und so wird's gemacht

1 Übertrage mit Bleistift alle Motivteile ohne Überschneidungen vom Vorlagenbogen auf Transparentpapier, das anschließend auf einen dünnen Karton geklebt wird.

2 Nun werden die Teile mit einer Schere ganz sorgfältig ausgeschnitten – das sind Deine Schablonen.

3 Lege die Schablonen auf weißen Karton. Wichtig ist, daß der Karton ein Gewicht von mindestens 250 g/m^2 hat. Mit einem Bleistift werden nun die Umrisse der Schablonen auf den weißen Karton übertragen.

Übrigens:
Ihr könnt auch farbigen Karton verwenden! Er sollte dann möglichst die gleiche Farbe haben wie das später aufgeklebte Glanzpapier!

4 Jetzt können die aufgezeichneten Teile mit der Schere aus dem weißen Karton ausgeschnitten werden.

Ein kleiner Tip:

Wenn Ihr Euer Bild kontern wollt, wenn also der Hund nicht nach links, sondern nach rechts schauen soll, dann dreht den weißen Karton nach dem Ausschneiden einfach um.

5 Es folgt das Bekleben der Motivteile mit gummiertem Glanzpapier. Von den Glanzpapierbögen werden Streifen abgerissen und Papierschnipsel in der gewünschten Form und Größe abgezupft. Tauche die farbigen Papierteilchen in ein flaches Wassergefäß und beklebe damit die weißen Kartonteile; das Glanzpapier kann alternativ auch mit einem nassen Schwämmchen angefeuchtet werden.

Überstehende Ränder werden nach dem Trocknen abgerissen oder abgeschnitten. Die Ränder der aufgeklebten Schnipsel neigen dazu, sich nach oben zu wölben, und müssen deshalb ab und zu nochmals glattgestrichen werden. Sind alle Kartonteile mit Glanzpapier beklebt, werden sie zum Trocknen ausgelegt. Dabei wellt sich der Karton! Er muß also, bevor er durchgetrocknet ist, gepreßt werden. Zwischen einigen Lagen Zeitungspapier und mit einer Holzplatte, Büchern o. ä. beschwert, können die Kartonteile trocknen und bleiben glatt. Zum Schluß werden die Teile zusammengeklebt.

Das ist Bello!

••● 1 ●••

Zuerst wird Bellos Rumpf bis auf den Schwanz mit weißem Glanzpapier beklebt. Für den Schwanz haben wir schwarzes Glanzpapier verwendet. Du kannst Bello natürlich auch ein braunes Fell aufkleben oder das Fell mit dunklen Flecken verzieren.

••● 2 ●••

Auge, Nase, Zunge und Halsband werden entweder gerissen oder aber mit der Schere aus Glanzpapier ausgeschnitten und aufgeklebt. Wenn Dir die Zunge nicht gefällt, laß sie einfach weg!

••● 3 ●••

Das beklebte Ohr kann erst am Kopf angebracht werden, wenn Rumpf und Ohr durchgetrocknet sind.

••● 4 ●••

Was hältst Du davon, wenn Du zusammen mit Deinen Freunden Bellos ganze Verwandtschaft bastelst? Jeder Hund hat ein anderes Fell oder Halsband. Rumpf und Ohr kann man auch noch vergrößern oder verkleinern – dann hat Bello noch einige Hundekinder bekommen!

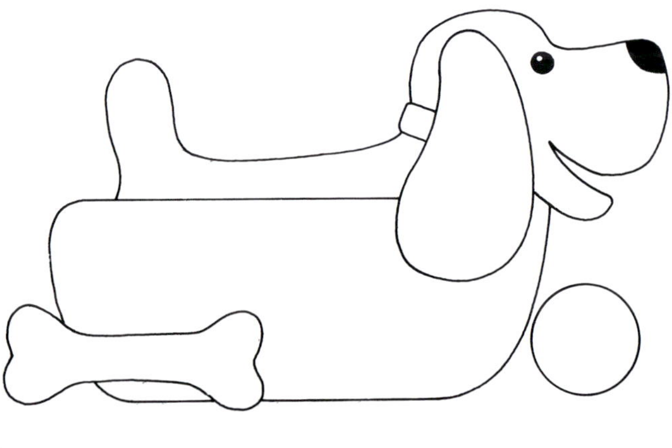

Hungrige Gäste am Futterhäuschen

1

Am besten beginnst Du mit dem Bekleben des Futterhäuschens, und zwar an dem roten Dach.
Weil es Winter ist, könntest Du auch einige weiße Papierschnipsel als Schneeflocken aufkleben oder das ganze Dach unter einer Schneehaube verstecken. Dort, wo das Dach in den unteren Teil des Futterhäuschens übergeht, klebst Du Glanzpapier mit einem möglichst geraden Rand an.

2

Die Farben für das Gefieder der Vögel kannst Du natürlich selbst auswählen. Schnäbel und Augen werden entweder ausgerissen oder ausgeschnitten und aufgeklebt – oder einfach aufgemalt.

3

Nach dem Trocknen und Pressen erhalten die Vögel ihre Flügel und können am Futterhäuschen befestigt werden.

4

Und noch ein Tip: Hänge doch einen Vogel an einem Faden in oder unter das Vogelhäuschen. Dann solltest Du allerdings auch seine Rückseite mit Glanzpapier bekleben!

Ein Blumentopf für Mutti

••● 1 ●••

Wir beginnen meistens mit dem Einfachsten, und das ist in diesem Fall der Blumentopf. Uns gefällt Rot ganz besonders, aber Du kannst natürlich auch jede andere Farbe wählen – außer Grün, das paßt nicht so gut! Was hältst Du von bunten Punkten oder lustigen Streifen?

••● 2 ●••

Als nächstes bekleben wir die Blätter der Pflanze mit grünen Glanzpapierteilchen.

••● 3 ●••

Die Blüten sind wohl am schwierigsten nachzubasteln! Wenn der Rand schön rund sein soll, gibt es einen Trick: Beklebe die runden Kartonscheiben mit Glanzpapierstücken; sie können ruhig am Rand überstehen. Halte dann die beklebte Scheibe fest zwischen Daumen und Zeigefinger der linken Hand, und zupfe mit der anderen Hand das Glanzpapier ab, das am Rand übersteht. Sind alle Blüten schön „rundgezupft“, klebst Du auf alle Blüten einen kleinen, gelben Punkt.

••● 4 ●••

Nach dem Pressen und Trocknen wird zuerst das Blatteil von hinten am Blumentopf befestigt. Zum Schluß bringst Du die Blüten auf den Blättern an.

Jetzt kann es losgehen!

Wer soll in Deinem Puppenwagen mitfahren – die Maus oder das Entchen? Das Entchen ist wohl etwas einfacher, denn es wird als ein Teil mit dem Wagen ausgeschnitten. Bei der Maus werden Kopf und Pfoten separat gearbeitet und später aufgeklebt.

1

Beim Entchen klebst Du zuerst die gelben Papierteilchen am Körper, dann die roten am Schnabel und zum Schluß das schwarze Auge auf.

2

Bei der Maus werden Kopf und Pfoten braun beklebt und die überstehenden Ränder des Glanzpapiers vorsichtig abgezupft. Vergiß die Augen und das Schnäuzchen nicht!

3

Nun beklebst Du den Puppenwagen und die beiden Räder.

4

Nach dem Pressen und Trocknen kann Dich die Maus über den Rand des Puppenwagens ansehen. Und die Räder müssen auch noch angebracht werden!

Goldi Goldfisch

Fische gibt es in vielen Formen und Farben. Wir haben uns für einen Goldfisch entschieden, aber Goldi würde sich sicher auch über bunte Flossen freuen, oder?

1

Die beiden Wasserpflanzen und das runde Aquarium werden mit grünen und blauen Papierschnipseln beklebt.

2

Nun müssen alle Teile gepreßt werden und trocknen.

3

Klebe die Wasserpflanzen in das Aquarium. An einem Faden aufgehängt, kann Goldi seine Runden drehen ...

Mir geht's gut!

1

Beklebe alle vier Teile getrennt voneinander mit Glanzpapierschnipseln.

2

Die Teile werden zwischen Zeitungen gelegt und, bis sie trocken sind, beschwert.

3

Klebe die Blätter an den Apfel. Die Made erhält ein aufgemaltes Gesicht.

4

Zum Schluß wird Max an einem Faden in die Apfelhöhle gehängt, und der Tanz kann beginnen.

Max,
die Made,
haben wir den
kleinen Kerl getauft.
Beim sanftesten Windhauch
wird er munter und dreht sich
in seiner Apfelhöhle.

Wo er wohl hinfliegt?

●●● 1 ●●●

Der Schmetterling besteht aus drei Kartonteilen, die einzeln mit Glanzpapier beklebt werden: den Flügeln, dem Rumpf und dem Kopf.

●●● 2 ●●●

Wir haben mit den gelben Flügeln angefangen. Darauf werden dann möglichst gleichmäßig bunte Punkte und Verzierungen geklebt. Du kannst natürlich andere Farben und Muster als wir verwenden.
Die Fühler nicht vergessen!

●●● 3 ●●●

Flügel, Rumpf und Kopf werden gepreßt und nach dem Trocknen zusammengeklebt.

Ich heiße Minka

Minka hat ein schwarzes Fell, aber Du kannst selbstverständlich Deiner Katze auch ein andersfarbiges Fell aufkleben. Wie wäre es mit schwarzen Flecken auf einem weißen Fell oder mit schwarzen Streifen auf einem braunen Fell? Auch die Augenfarbe kann sich mit der Fellfarbe ändern!

1

Wir haben Augen, Nase und Mund mit der Schere ausgeschnitten und aufgeklebt. Wenn das Gesicht Deiner Katze genauso aussehen soll, mußt Du von Auge, Nase und Mund Schablonen anfertigen. Lege die Schablonen auf das Glanzpapier, und zeichne die Umrisse mit Bleistift nach. Dann werden die Teile ausgeschnitten und aufgeklebt.

2

Den Kopf klebst Du erst nach dem Trocknen auf den Rumpf.

Blumen, die nicht verwelken

Den Kranz haben wir abwechselnd mit hellgrünen und dunkelgrünen Schnipseln gestaltet. Vielleicht gefällt Dir aber auch ein einfarbiger Kranz besser!?

1

Die Blüten sind einfarbig beklebt, ohne daß wir darauf geachtet haben, ob die Ränder überstehen oder nicht. Bei den runden, blauen Blüten haben wir die überstehenden feuchten Ränder dann einfach abgezupft. Die sternförmigen Blüten werden nach dem Trocknen mit der Schere nachgeschnitten; dazu drehst Du die Blüten einfach um und schneidest am weißen Kartonrand entlang.

2

Die gelben Punkte auf den Blüten kannst Du entweder ausschneiden oder ausreißen und dann aufkleben.

3

Nach dem Trocknen ordnest Du die Blüten am besten zuerst auf dem Kranz an, bevor Du sie aufklebst.

Fliegenpilz, wo sind Deine Punkte?

1

Beim Pilz haben wir nur den Hut mit roten Papierschnipseln beklebt. Wenn Du willst, kannst Du ihn mit kleinen, weißen Punkten in einen Fliegenpilz verwandeln.

2

Der runde Rahmen wird jeweils zur Hälfte mit Grün und mit Blau beklebt.

3

Nun können Pilz und Rahmen gepreßt und getrocknet werden.

4

Zum Schluß wird der Pilz an einem Faden in den Rahmen gehängt.

Bald ist Weihnachten

1

Beklebe jedes der vier Teile mit den Farben Deiner Wahl. Die überstehenden Ränder kannst Du, solange sie noch feucht sind, vorsichtig abzupfen.

2

Nun werden die Teile gepreßt und getrocknet.

3

Klebe an der Kerze von hinten den Lichtschein an. Von vorne kann nun die Flamme angebracht werden; zum Schluß wird die Kerze auf dem Tannenzweig befestigt.

Brumm,
der kleine Braunbär

1

Für die Wände der Bärenhöhle haben wir Hell- und Dunkelgrün gewählt.

2

Bei Brumm wird das Ohr extra ausgeschnitten und beklebt. Die überstehenden Ränder kannst Du vorsichtig abzupfen, solange das Papier noch feucht ist.

3

Auge und Nase kannst Du entweder aufkleben oder später, wenn das Papier trocken ist, aufmalen.

4

Sind Höhle und Bär gepreßt und getrocknet, klebst Du Brumm das Ohr an. Und wenn Du den kleinen Braunbären nun an einem Faden in die Höhle hängst, fängt er an zu tanzen.

Eier-Osterhase

1

Beklebe den Hasenrumpf mit braunen und den Schwanz mit weißen Papierteilchen. Als nächstes ist das Halsband an der Reihe. Du kannst es entweder aus mehreren Schnipseln zusammensetzen oder einfach einen einfarbigen Papierstreifen aufkleben. Dann werden das Auge und die Nase angebracht.

2

Die Ohren und das Osterei werden ebenfalls mit Glanzpapier beklebt.

3

Wenn alle Teile gepreßt und trocken sind, kannst Du die Ohren an den Hasenkopf kleben und das Ei an einem Faden in die runde Rumpföffnung hängen.

Minni-Maus im Birnenhaus

Bevor Du Dich an dieses Fensterbild wagst, solltest Du vorher einige andere Bilder gerissen und geklebt haben! Es ist wohl das schwierigste im ganzen Buch.

1

Uns gefallen gelbe Birnen am besten, aber es gibt auch grüne oder rotbackige Birnen. Der Stiel wird exakt ausgeschnitten und beklebt.

2

Die Maus besteht aus drei Teilen, die alle vollständig mit braunen oder eventuell auch mit grauen Schnipseln beklebt werden. Augen und Nase kannst Du aufkleben oder später aufmalen.

3

Sind die Teile gepreßt und getrocknet, wird die Maus zusammengeklebt, und die Birne erhält ihren Stiel.

4

Abschließend hängst Du Minni-Maus in ihr Birnenhaus.

Zwei bunte Zauberdrachen

1

Beklebe den ganzen Drachenkörper mit Papierteilchen in nur einer Farbe. Anschließend werden sie mit bunten Punkten, Streifen oder anderen Mustern verziert. Augen und Nasenlöcher nicht vergessen!

2

Damit sich die Flügel besser abheben, beklebst Du sie am besten mit einer anderen Farbe.

3

Die Flügel können erst am Rumpf befestigt werden, wenn alle Teile gepreßt und trocken sind.

Entchen klein, schwimmt allein

1

Beklebe den Entchenkörper mit gelbem und rotem Glanzpapier.
Das Auge kannst Du ausschneiden oder ausreißen und aufkleben.

2

Ist der Rahmen auch beklebt, werden die Teile gepreßt und getrocknet.

3

Zum Schluß kannst Du das Entchen an einem Faden in den runden Rahmen hängen.